Inhalt

Wenn Kontrolleure selig schlummern - auf die Kirchenfinanzen fällt ein fahles Licht

Kernthesen

Beitrag

Fallbeispiele

Weiterführende Literatur

Impressum

Wenn Kontrolleure selig schlummern - auf die Kirchenfinanzen fällt ein fahles Licht

Robert Reuter

Kernthesen

- Die Finanzaffäre um den Bischofssitz Limburg taucht den Umgang der Kirche mit dem Geld der Gläubigen in ein trübes Licht.
- Dabei sind die Kirchen heute bei der Kontrolle ihrer Finanzen modern aufgestellt. In Limburg wurden Dezernate und Controller jedoch systematisch umgangen.
- Noch weitaus skandalträchtiger sind die Machenschaften der Vatikan-Bank. Ihr deutscher Chef soll seit diesem Jahr Licht ins Dunkel bringen.

Beitrag

Controller hinters Licht geführt

Die Finanzen der Kirchen in Deutschland sind ins Gerede gekommen. Ausgelöst wurde die öffentliche Diskussion durch die Ereignisse am Bistum Limburg. Bischof Tebartz-van Elst wird vorgeworfen, beim Bau des neuen Bischofssitzes in Limburg tatsächliche Kosten verschleiert und überdies durch Prunksucht eine Kostenexplosion verursacht zu haben. Die Angaben über die Kosten sind weiterhin widersprüchlich; es sieht jedoch so aus, dass die ursprüngliche Finanzplanung Ausgaben in Höhe von etwa sechs Millionen Euro vorsah, die mittlerweile auf rund 31 Millionen Euro angestiegen sind. Dem stark in der Kritik stehenden Bischof wurde daraufhin vom Heiligen Stuhl eine Denkpause verordnet, der er seit einigen Wochen im Kloster Metten in Niederbayern nachkommt.

Zur Überraschung der Öffentlichkeit mussten für den ausgeuferten Bau keine Kredite aufgenommen werden. Das Geld war damit augenscheinlich vorhanden, was derzeit zum einen die Frage aufwirft, wie reich die Kirchen eigentlich sind. Zum anderen ist nun offenkundig, dass es bei der Transparenz,

Kontrolle und Steuerung kirchlicher Finanzangelegenheiten Nachholbedarf gibt. Zahlreiche Bistümer und Diözesen haben in den vergangenen Tagen ihre Finanzen offengelegt, um der öffentlichen Kritik entgegenzuwirken. Dies gilt jedoch nur für die regulären Haushalte, während über die Finanzen der bischöflichen Stühle im Einklang mit dem geltenden Staatskirchenrecht nicht öffentlich Rechenschaft abgelegt wird. Die Kasse des Bischöflichen Stuhls nicht nur in Limburg ist als eine Privatschatulle des Bischofs anzusehen, die vom Würdenträger nach eigenem Ermessen angezapft werden kann, wobei er sich jedoch an Regeln halten muss. Der Vorgänger von Tebartz-van Elst, Franz Kamphaus, ließ von der seit 180 Jahren bestehenden Bischofskasse komplett die Finger.

Der Limburger Skandal macht die Finanzangelegenheiten der Kirchen in Deutschland auch zu einem interessanten Thema für Controller und Rechnungsprüfer. Ein Blick hinter die Kulissen offenbart dabei durchaus moderne Strukturen. So verfügt das Bistum Limburg beispielsweise über ein Finanz- und Baudezernat mit 180 Beschäftigten, das überdies mit einer Controllingabteilung ausgestattet ist. Die Experten des Dekanats hatten mit dem Bau der Bischofsresidenz allerdings nie etwas zu tun. Stattdessen war hierfür alleine der bischöfliche Stuhl zuständig, was der Chef des Baudezernats, Gordon

Sobbeck, als Ausnahme bezeichnet. Im Ergebnis hatte das Dezernat keinerlei Zugriff auf das Bau- und Finanzierungsgeschehen rund um den neuen Bischofssitz.

Ungeklärt ist die Frage, ob der Bischof das Dezernat außen vor ließ, um sich bei der Realisierung seiner kostspieligen Sonderwünsche nicht reinreden lassen zu müssen. Anders herum wäre es jedoch ebenso möglich, dass es erst die fehlende Kontrolle war, die den Bischof dazu verleitete, den Donald Trump der Kirchenwelt zu geben. Das systematische Vorgehen des Bischofs, auch die zu seiner eigenen Kontrolle eingerichteten Gremien - zu nennen ist das Domkapitel - von allen Kenntnissen über den Bau fernzuhalten, spricht freilich Bände. Dezernent Sobbeck ist jedenfalls erschüttert über die ans Tageslicht gekommene Verschwendung. So wurde die Wohnung des Bischofs fast drei Millionen Euro teuer, wobei alleine 478 000 Euro für die Innenausstattung aufgewendet wurden.

Die Kontrolleure des Baudezernats sind von der Begleitung des Bauprojekts von vornherein ausgeschlossen worden, doch gab es weitere Kontrollgremien. Das genannte Domkapitel ist in der Verfassung der 27 deutschen Diözesen eine eigene Rechtspersönlichkeit und soll ein Gegengewicht zur Dominanz des Bischofs bilden. Controller sucht man hier zwar vergeblich, dennoch ist es Aufgabe der

Domkapitulare, dem Bischof auf die Finger zu gucken. Tebartz-van Elst war jedoch geschickt genug, auch das Kapitel komplett aus dem Bauvorhaben auszuschließen.

Was noch an Kontrolle blieb, war ein vom Bischof selbst im Jahr 2010 einberufener Vermögensverwaltungsrat, der aus drei Personen bestand - darunter ein Wirtschaftsprüfer. Das Gremium diente dem Bischof fortan dazu, Kritik an seiner Amtsführung abzuschmettern. Immerhin sei ja ein Kreis aus Fachleuten eingerichtet, der den Bau nun kontrolliere. Dies allerdings stimmte nicht, da die berufenen Honoratioren nur eine beratende Tätigkeit ausführen sollten. Die Mitglieder des Gremiums haben im Nachhinein erklärt, warum auch sie es unterließen, dem Bischof in den Arm zu fallen. Sie verweisen auf die hohe Autorität, die katholische Würdenträger gemeinhin genießen. Man habe sich deshalb gar nicht vorstellen können, dass ein Bischof zu solchen Verfehlungen auch nur in der Lage sei.

Aufgearbeitet wird die Finanzaffäre nun höchst daselbst von der Deutschen Bischofskonferenz. An der Spitze der im Oktober berufenen Kommission steht der Paderborner Weihbischof Manfred Grothe. (1), (2), (4), (8), (9)

Trends

Papst will saubere Vatikan-Bank

Papst Franziskus will seinen die Kirche umkrempelnden Reformkurs auch auf die Vatikan-Bank ausdehnen. Deren Aktivitäten sind bisher häufig undurchsichtig und darum umstritten. Schon Franziskus' Vorgänger, Bendikt XVI., hatte die Bank an die Kandare nehmen wollen und dafür die Aufsicht AIF (Autorità di Informazione Finanziaria) gegründet. Nach dem Willen des neuen Papstes soll die Aufsicht zukünftig jedoch nicht mehr von einem Kardinal, sondern von einem weltlichen Vertreter geführt werden. Außerdem soll die AIF sämtliche Vatikan-Behörden mit regelmäßigen Geldtransaktionen beaufsichtigen. Bei der Neuordnung der Beaufsichtigung werden die Wirtschaftsprüfer von Ernst & Young eine wichtige Rolle spielen.

Für die Vatikan-Bank und päpstliche Behörden ist der neue Kurs des Franziskus eine Revolution. Die Institutionen des Kirchenstaats waren es durch die Jahrhunderte gewöhnt, ihre Geschäfte jenseits internationaler oder interner Aufsichtsbehörden zu führen. Das Transparenzgebot des neuen Papstes stößt darum überall auf gewaltige Widerstände.

Eine wichtige Position bei der Aufhellung der vatikanischen Finanzen hat der deutsche Manager

Ernst von Freyberg. Der 54-Jährige ist seit Februar - noch von Benedikt XVI. berufen - Chef der Vatikan-Bank (die eigentlich Istituto per le Opere di Religione, abgekürzt IOR heißt). Explizit wurde von Freyberg von Papst Benedikt eingesetzt, um Licht in das Dunkel der vatikanischen Geldgeschäfte zu bringen. So werden dem Finanzinstitut jahrelange Verbindungen zur Mafia nachgesagt, die zu zahllosen Geldwäscheaffären und einer Reihe ungeklärter Todesfälle führten.

Erst im Juni dieses Jahres wurde ein Chefbuchhalter des Vatikans wegen des Verdachts auf Geldwäsche und Betrug festgenommen, der Generaldirektor des IOR und sein Vize mussten daraufhin zurücktreten. Seitdem ist von Freyberg praktisch alleiniger Chef der päpstlichen Bank.

Viele Experten halten die Mission des Deutschen für ein Himmelfahrtskommando. Weil er vom Papstvorgänger eingesetzt wurde, steht nicht fest, ob er die Rückendeckung auch des amtierenden Heiligen Vaters hat. Von den Mitarbeitern der Bank schlägt von Freyberg unverhohlene Feindseligkeit entgegen. Die Gegner des päpstlichen Reformkurses versuchen, den neuen Chef durch gezielte Indiskretionen aus dem Amt zu drängen. (5), (6), (7)

Fallbeispiele

Synode bekommt neuen Chef-Controller

Das Rechnungsprüfungsamt der Synode der Evangelischen Kirche in Hessen und Nassau (EKHN) bekommt einen neuen Finanzkontrolleur. Christian M. Beck ist bisher noch Mitarbeiter der Stabsstelle Controlling in der Geschäftsstelle der Diakonie Hessen. Die Nachricht wird infolge der aktuellen öffentlichen Diskussion um Kirchenfinanzen von der EKHN mit besonderer Verve in die Öffentlichkeit getragen. Die Synode weist darauf hin, dass das Rechnungsprüfungsamt unabhängig und kritisch über die Verwendung der der Kirche anvertrauten Gelder wacht. Allein für 2014 rechnet die EKHN mit Kirchen-Steuereinnahmen in Höhe von 445 Millionen Euro. (3)

Weiterführende Literatur

(1) Schweigen auf dem Domberg
aus Süddeutsche Zeitung, 14.10.2013, Ausgabe Deutschland, S. 2

(2) Prüfer nehmen Arbeit in Limburg auf
aus manager-magazin.de vom 18.10.2013

(3) Evangelische Landeskirche neu geordnet -

SYNODE Gebietsreform mit geänderter Aufteilung der Dekanate beschlossen / Umsetzung bis 2019 geplant
aus Lampertheimer Zeitung vom 26.11.2013

(4) Wo die Millionen wirklich sind
aus NLZ Neue Luzerner Zeitung vom 18.11.2013 Seite 27lzhp

(5) "Bete für mich"
aus manager magazin Nr. 8 vom 19.07.2013 Seite 30

(6) Soft Skills für Controller von Marion Kellner-Lewandowsky
aus CONTROLLER Magazin, Heft 6/2013, S. 21-25

(7) Papst verschärft Kontrolle der Vatikan-Finanzen
aus Handelsblatt Nr. 224 vom 20.11.2013 Seite 032

(8) "Protestanten stehen für Transparenz"
aus Saarbrücker Zeitung vom 18.11.2013

(9) Die besten Kontrolleure nützen nichts, wenn sie schlafen /
aus Südkurier vom 15.10.2013, Seite 3

Impressum

Wenn Kontrolleure selig schlummern - auf die Kirchenfinanzen fällt ein fahles Licht

Bibliografische Information der deutschen Nationalbibliothek

Die Deutsche Nationalbibliothek verzeichnet diese Publikation in der deutschen Nationalbibliografie; detaillierte bibliografische Daten sind im Internet über http://dnb.d-nb.de abrufbar.

ISBN: 978-3-7379-0122-2

© 2015 GBI-Genios Deutsche Wirtschaftsdatenbank GmbH, Freischützstraße 96, 81927 München, www.genios.de

Alle Rechte vorbehalten. Dieses Werk ist einschließlich aller seiner Teile – z.B. Texte, Tabellen und Grafiken - urheberrechtlich geschützt. Jede Verwertung außerhalb der Grenzen des Urheberrechtsgesetzes bedarf der vorherigen Zustimmung des Verlags. Dies gilt insbesondere auch für auszugsweise Nachdrucke, fotomechanische Vervielfältigungen (Fotokopie/Mikroskopie), Übersetzungen, Auswertungen durch Datenbanken oder ähnliche Einrichtungen und die Einspeicherung und Verarbeitung in elektronischen Systemen.